ÉCOLE RABEAU

Conception et réalisation :
Françoise Detay-Lanzmann / Nicole Hibert
Direction artistique : Jean Retailleau
Couverture : Agence Média

Dépôt légal : mars 1995
ISSN : 1242-532
Loi n° 49-956 du 16 juillet 1949
sur les publications destinées à la jeunesse

Françoise Detay-Lanzmann / Nicole Hibert

LES ANIMAUX FAMILIERS

Illustrations de Christine Adam,
Claire Cormier, Caroline Picard

MANGO

PORTRAIT DE FAMILLE

A LA FERME

1• Oie - **2•** Ane - **3•** Chauve-souris - **4•** Chèvre blanche - **5•** Dindon - **6•** Cochon noir -
7• Crapaud

A LA MAISON

8• Perruches - 9• Airedale terrier - 10• Shar peï - 11• Lapin angora - 12• Chaton siamois
13• Hushky - 14• Scottish-terrier - 15• Hamster doré

LE CHEVAL

Il y a bien longtemps,

l'homme a apprivoisé le cheval qui l'a aidé

à labourer la terre, à tirer les *diligences*,

à combattre sur les champs de bataille.

Aujourd'hui, chevaux et poneys restent les fidèles

compagnons des cavaliers, grands ou petits.

Le pied du cheval est formé d'un seul doigt dont l'ongle forme un sabot.

Le poulain se tient debout une heure après que la jument lui a donné naissance.

Le cheval peut aller au pas, trotter,
galoper et sauter des obstacles.

L'âne aux longues oreilles est
un cousin du cheval.
C'est un très bon grimpeur.

LA POULE

Chaque jour, la fermière nourrit les poules,
les oies, les dindons et les canards de la basse-cour.
Ces volailles sont élevées pour leurs œufs,
leur chair et leur duvet.

Le poussin se développe en se nourrissant
du jaune de l'œuf.
Son cœur bat au bout de 2 jours.

21 jours après, il casse la coquille
à l'aide de la "dent de l'œuf",
une petite pointe placée au bout du bec
et qui tombera ensuite.

LE CANARD

Le coq porte une crête. Ses pattes
sont pourvues d'ergots qui lui servent
d'armes pour se battre. Il veille
sur la basse-cour.

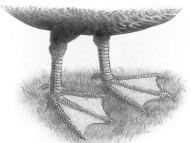

Le canard a les pattes palmées,
c'est-à-dire que ses doigts sont reliés
par une sorte de peau.

LE MOUTON

Moutons et chèvres peuvent vivre
dans des régions pauvres, car ils savent se contenter
d'une herbe rare. On les élève pour leur viande,
leur cuir, leur laine et leur lait.

Au printemps, on tond les moutons
avec une tondeuse électrique. La laine
peut mesurer de 3 à 35 cm de long.

Les agneaux broutent de l'herbe
au bout de 15 jours en continuant
de téter leur mère .

LA CHÈVRE

Le bouc, le mâle de la chèvre,
porte une barbiche et des cornes.
Il a une odeur très forte.

Une chèvre peut fournir
près de 1 000 litres de lait par an.
On en fait de très bons fromages.   9

LE CHAT

Le chat, sauvage ou domestique, est un *félin* cousin
du tigre et du lion. C'est un *carnivore*
et un formidable chasseur. Il est capable de rester
aux aguets, immobile, pendant des heures,
puis d'avancer sans bruit et sans se faire voir,
pour se jeter sur sa proie.

Les griffes du chat poussent
en permanence. Il doit les user
en grimpant ou en grattant le sol.

Le chat a une vue excellente.
Il voit presque aussi bien la nuit
que le jour.

Le chat a un grand sens de l'équilibre.
S'il fait une chute, il réussit la plupart
du temps à retomber sur ses pattes.

Le chat a un véritable langage,
fait de miaulements, de crachements,
de grondements et de ronronnements.

LE CHIEN

Le chien est le meilleur ami de l'homme :

il garde les troupeaux, les maisons, tire les traîneaux,

secourt les personnes ensevelies sous les *avalanches*

et guide les aveugles.

A sa naissance, le chiot est sans défense : aveugle et sourd, il ne perçoit aucune odeur et n'a pas de dents.

Le chien adulte a un flair exceptionnel. Il sait distinguer des odeurs que l'homm ne peut pas reconnaître.

Le chien n'a pas une très bonne vue :
il ne distingue pas les couleurs
aussi bien que nous.

Le chien exprime ses sentiments
par ses mimiques et ses aboiements.

13

LA SOURIS

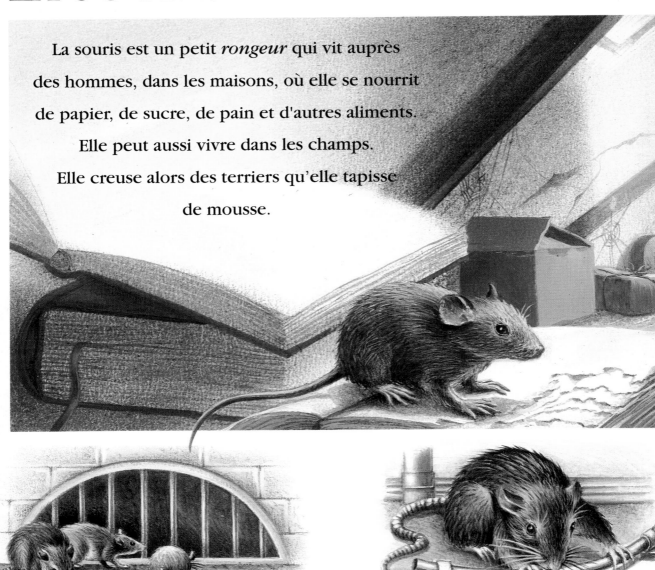

La souris est un petit *rongeur* qui vit auprès des hommes, dans les maisons, où elle se nourrit de papier, de sucre, de pain et d'autres aliments.
Elle peut aussi vivre dans les champs.
Elle creuse alors des terriers qu'elle tapisse de mousse.

Les rats d'égout vivent en groupes.
Ils creusent des galeries qui servent d' entrepôts de nourriture.

La souris a des dents très solides.
Aucun matériau ne lui résiste : bois, plastique, grillage, ciment, etc.

LE RAT

Chaque année, la rate a de 3 à 5
portées de 4 à 10 petits chacune.
Voilà pourquoi les rats sont si nombreux.

Le petit rat des moissons est
un acrobate. Il enroule sa longue
queue autour des tiges pour grimper.

LA GRENOUILLE

De l'œuf de la grenouille sort
un petit animal sans pattes : le têtard.
Il a une longue queue et des branchies
de chaque côté de la tête, pour respirer.

Peu à peu, les pattes se développent,
la queue se raccourcit, les branchies
disparaissent : le têtard est devenu
une grenouille.

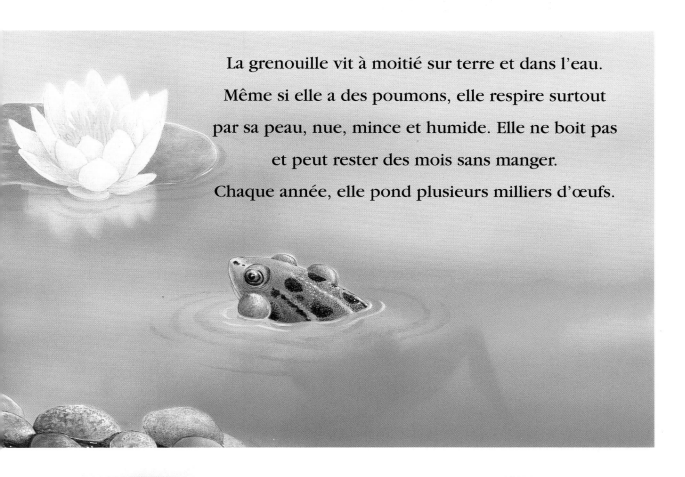

La grenouille vit à moitié sur terre et dans l'eau.
Même si elle a des poumons, elle respire surtout
par sa peau, nue, mince et humide. Elle ne boit pas
et peut rester des mois sans manger.
Chaque année, elle pond plusieurs milliers d'œufs.

La grenouille a une langue gluante
qui l'aide à attraper les insectes
dont elle se nourrit.

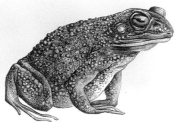

Le crapaud n'est pas le mâle
de la grenouille. Il a les pattes
de derrière plus courtes, et il vit plus
sur la terre que dans l'eau.

LE LÉZARD

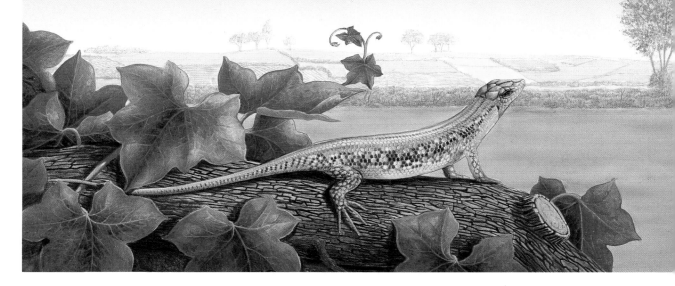

Le lézard est un *reptile* au corps recouvert d'écailles. Sa queue se coupe souvent, mais elle repousse chaque fois. Il se nourrit d'insectes, qu'il capture avec sa langue fourchue.

Le caméléon est une sorte de lézard qui vit dans les arbres, et qui change de couleur.

Le plus grand lézard du monde est le varan. Il mesure 3,50 m et pèse jusqu'à 200 kilos.

LA TAUPE

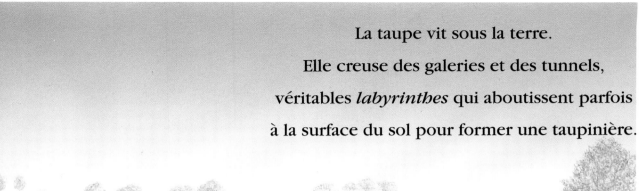

La taupe vit sous la terre.

Elle creuse des galeries et des tunnels,

véritables *labyrinthes* qui aboutissent parfois

à la surface du sol pour former une taupinière.

La taupe creuse la terre avec
son museau. Elle la rejette avec
ses pattes en forme de pelles.

La taupe mange des vers, des larves
et des insectes.

LA VACHE

La vache est un animal domestique

qui nous donne son lait, sa viande et son cuir.

C'est un herbivore *ruminant*.

La vache porte sous son ventre
un pis avec quatre mamelles
que tète le petit veau.

Les pattes de la vache sont terminées
par deux doigts dont le bout
est protégé par un sabot en corne.

LE COCHON

On élève le porc pour sa viande,

avec laquelle on fait de la charcuterie.

On utilise aussi sa graisse et son cuir.

Il est omnivore, c'est-à-dire

qu'il mange de tout.

Les canines du mâle, le verrat,
sont très développées et dépassent
quelquefois de la mâchoire.

Le sanglier est le frère sauvage
du cochon. Avec sa femelle, la laie,
il élève ses petits, les marcassins.

L'HIRONDELLE

Chaque année, au début de l'automne,

les hirondelles se rassemblent pour partir en Afrique

où elles passeront l'hiver au soleil.

Au printemps, elles referont ce long voyage en sens

inverse pour retrouver leur nid familier.

Le mâle et la femelle construisent
leur nid avec de la paille et de la boue
qu'ils collent avec leur salive.

Quand une jeune hirondelle souffre
de la faim, elle crie pour appeler
ses parents au secours.

L'hirondelle, le bec grand ouvert,
chasse les insectes en plein vol.

Tout en volant, l'hirondelle rase
la surface de l'eau pour boire.

LE LAPIN

Le lapin domestique a un pelage plus doux
que son frère sauvage, le lapin de garenne.

Moins agile, il se déplace en sautillant
et se nourrit de légumes, de foin et de graines.

La lapine met beaucoup
de lapereaux au monde, car
elle a plusieurs *portées* par an.

On fait de la laine à tricoter avec
le poil long et soyeux du lapin angora.

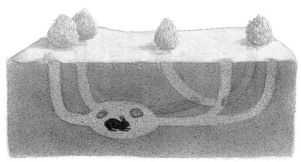

Le lapin est un *rongeur*. Ses *incisives* n'arrêtent pas de pousser, et, pour les user, il doit manger des aliments durs.

Le lapin de garenne creuse un terrier qui possède plusieurs entrées et de nombreuses chambres.

LEXIQUE

Avalanche

Masse de neige qui se détache
de la montagne et qui dévale
la pente en entraînant
des pierres et de la boue.

Carnivore

Animal qui se nourrit de la
chair d'autres animaux.

Diligence

Voiture qui servait à
transporter des voyageurs et
qui était tirée par des chevaux.
Le conducteur s'appelait
le postillon.

Félin

Animal pourvu de dents très
puissantes et de griffes
rétractiles, c'est-à-dire qui
peuvent sortir ou rentrer à
volonté. Le lion, le tigre,
le guépard, le jaguar, par
exemple, sont des félins.

Incisive

Dent aplatie et tranchante
qui coupe les aliments.
Les humains en ont huit.

Labyrinthe

Réseau compliqué de chemins
tortueux, de galeries dont
on a du mal à sortir.

Portée

Ensemble des petits que
la femelle d'un mammifère
met au monde en une fois.
Le lapin, le chat, le chien
ont des portées.

Reptile

Animal qui rampe,
qui se traîne sur le ventre.

Rongeur

Mammifère qui n'a pas
de canines, mais des incisives
tranchantes qui n'arrêtent pas
de pousser. Le lapin, l'écureuil
et le rat sont des rongeurs.

Ruminer

La vache avale l'herbe sans
la mâcher. Puis l'herbe
remonte dans la bouche et la
vache l'avale une seconde fois.